ヴィーガンだからカンタン 体にやさしい

Roofのごほうびクッキー

今井ようこ

文化出版局

もくじ

Column

クッキーが好きすぎて

アイスボックスクッキーの生地は冷凍庫にストック。
好きなときに好きなだけ焼きます。　36

クッキーの保存は密閉できるガラス瓶。
瓶の中がいっぱいだとそれだけで幸せな気分です。　58

Chapter 1

手でちぎる、まとめる

Chapter 2

めん棒でのばす、型で抜く

Chapter 3

袋で絞り出す

* 計量単位は1カップ＝200mℓ、大さじ1＝15mℓ、小さじ1＝5mℓです。

* オーブンはガスオーブンを使っています。電気オーブンでも本書の温度
　と時間で焼いてください。ただし、温度と焼き時間は目安です。熱源や機
　種によって多少差があるので、様子をみながら加減してください。

はじめに

クッキーが大好きで、小さい頃からいつも作っていました。
プレゼントに何が欲しい？ ときかれ、バケツにいっぱいのクッキー！ と言ったら、本当にもらえて、
夢のようにうれしかったことを今でも覚えています。
自分でも、作ってはいろいろな人にプレゼントしていて、"素晴らしいクッキーメーカーになるね"と言われたことが
ずっと忘れられなくて、クッキーを作っているといつもその言葉を思い出します。

以前はバターをやわらかくし、砂糖を入れて、卵を入れて……というプロセスで作っていましたし、
今でもそれらのクッキーもおいしいなと思っています。
ですが、今はもっぱらオイルやメープルシロップで作るものが主になっています。
なぜなら、作るのが楽で、とてもおいしいから。
粉類と液体を混ぜるだけの手軽さは、お菓子作りがちょっと苦手、面倒そう、と思われる方にも、
きっと作りやすくて、手作りが楽しい、意外と簡単！ と思われるきっかけになるのではと思っています。
日もちもするので、多めに作っておき、ちょっとひと休みするときのお茶やワインのお供に。
不意のお客さまにも、お茶に添えてお出ししたり。紙箱やミニ缶、小袋に入れて贈り物にしたり。
シンプルな素材で作るクッキーは、それぞれの素材の味を生かし、
滋味深く、でも満足感のあるものに仕上がるように工夫します。
故に、不思議と、ほかのものを食べたい欲求がなくなります。

手作りの、余計なものが何も入っていない材料で作るクッキーは、
多少材料費がかかったとしても、体に心地よく、後味がよいクッキーです。
自分だけでなく、食べていただく方にも、ふんわり温かい気持ちになってもらえるのではないかと思います。

今井ようこ

クッキー作りの
手順は
３ステップ

クッキー生地の作り方はいたってシンプルで、
材料を混ぜるだけ。
それを丸めたり、のばしたり、型で抜いたり、
絞り出したりして、オーブンで焼き上げます。
クッキー作りのおおまかな流れを知っていれば、
その日の気分や贈りたい人の好みに合わせて
いろいろなスタイルのクッキーが作れます。

Step 1

クッキー生地を作る

粉類をボウルに入れ、ゴムべらで均一に混ぜます。
※絞り出しクッキーは薄力粉や片栗粉をふるってから使
います。クッキー生地は混ぜすぎるとかたくなるので、ふ
るったほうが混ぜすぎずにまとめることができます。

液体（米油、オリーブオイル、ココナッツオイルなど
の油、メープルシロップやアガベシロップ、豆乳な
ど）を別のボウルに入れて泡立て器で均一に混ぜ
ます。

混ぜた液体を粉類に加えてゴムべらで混ぜます。
生地によっては手でまとめます。
※粉気が残るようなら豆乳少々を入れ、べたべたするよ
うなら薄力粉少々を入れます。

Step 2

成形する

Chapter 1

生地を天板に落としたり、手でちぎって形を整えたり、ひとまとめにしてから包丁で切ったり。

Chapter 2

めん棒でのばしてから切ったり、くるくると巻いてから切り分けたり、いろいろな型で抜いたり。

Chapter 3

口金をつけた絞り袋に入れて、天板の上に絞り出します。口金の型を変えたり、絞り方を変えたり。

Step 3

焼く

焼き上がったときにくっつかないように、オーブンシートの上に間隔をあけてのせます。

予熱しておいたオーブンに入れ、レシピに書いている時間を目安に焼きます。

表面を指の爪で触ってみてかたくなっていれば、焼き上がり。オーブンシートごと網にのせて粗熱を取ります。

粉類

薄力粉、全粒薄力粉のほか、コクとしっとり感を出すためにアーモンドパウダー、サクサク感を出すために片栗粉をよく使います。片栗粉は国内産の有機馬鈴薯で作ったものがおすすめです。

油

基本的には米油を使いますが、バターのようなコクのある仕上がりにしたいときはココナッツオイル、香りや風味をつけたいときは上質のエキストラバージンオリーブオイルを使います。

豆乳

牛乳の代わりに使うのが、大豆が原料の豆乳。成分無調整のものを使います。飲みやすい味に調えた調製豆乳や甘みや副原料で味つけした豆乳飲料はNGです。

甘み

基本的には粉末状のてんさい糖を使いますが、コクや風味を出したいときはブラウンシュガー、粉類の味を邪魔することなく扱いやすいのはメープルシロップやアガベシロップ、味や香りを生かしたいときははちみつを使います。

この本で使う材料のこと

この本で紹介するクッキーは、わたしのお菓子作りのベースになっているヴィーガン仕様のもの。
バター、牛乳、生クリームといった乳製品、卵、白砂糖を使わず、植物性の材料だけで作ります。
ここでは、おいしくて体にやさしいクッキーを作るための基本材料を紹介します。

Chapter 1

手でちぎる、まとめる

材料を混ぜてクッキー生地を作ったら、手でちぎったり、丸めたり、フォークで形を整えたり。時には冷凍庫で冷やし固めてから包丁で切ったり。特別な道具は一切なしのドロップクッキーとアイスボックスクッキーを中心に紹介。思い立ったらすぐに作れるのがうれしい!

a

クランベリーとカシューナッツの
オートミールクッキー

全粒粉とオートミールを使った生地は、ザクザクッとした食べ心地。
フォークで少し厚めに整えるのがポイントです。

b

材料・約12枚分

	全粒薄力粉 … 50g
	薄力粉 … 80g
A	オートミール … 80g
	てんさい糖 … 30g
	ベーキングパウダー … 小さじ ½
	塩 … ひとつまみ
	米油 … 大さじ 4⅔
B	メープルシロップ … 大さじ 2
	無調整豆乳 … 大さじ 2⅔

ドライクランベリー … 35g
カシューナッツ … 35g

c

下準備

・ドライクランベリーは湯または果汁100%
　ジュース（オレンジ、りんごなど。分量外）に
　30分ほど浸してやわらかくし、水気を拭く。
・カシューナッツは粗く刻む。
・オーブンは160℃に予熱する。

1 Aをボウルに入れ（a）、ゴムべらで均一に混ぜ
る。Bを別のボウルに入れ、泡立て器で均一
に混ぜる。

2 AのボウルにBを加えてゴムべらで混ぜ、ドラ
イクランベリー、カシューナッツも入れ（b）、粉
気がなくなるまで混ぜる。

3 オーブンシートを敷いた天板に40gずつ間隔
をあけてのせ、水をつけたフォークで直径7〜
8cmの円形に広げる（c）。

4 160℃のオーブンで12〜15分焼き、140〜
150℃に下げて15分ほど焼く。

チョコチャンクのソフトクッキー

チョコレートとピーカンナッツをたっぷり入れた大型クッキー。
ゴムべらで跡をつけながら整えると、おいしそうな表情に焼き上がります。

a

材料・4〜5枚分

A	薄力粉 … 80g
	アーモンドパウダー … 30g
	ブラウンシュガー … 70g
	ベーキングパウダー … 小さじ¼
	重曹 … 小さじ¼
	塩 … 小さじ¼
B	米油 … 大さじ1¼
	ココナッツオイル … 大さじ1¼
	無調整豆乳 … 大さじ2½

ビターチョコレート … 40g
ピーカンナッツ … 6〜7粒
麻の実（なければ白ごま）… 適量

下準備

・ビターチョコレートは粗く刻む。好みの板チョ
　コレートでよい。
・ピーカンナッツは粗く刻む。
・オーブンは170℃に予熱する。

1 Aをボウルに入れ、ゴムべらで均一に混ぜる。
Bを別のボウルに入れ、泡立て器で均一に混
ぜる。

2 AのボウルにBを加えてゴムべらで混ぜ、ビ
ターチョコレートも入れ（a）、粉気がなくなるま
で混ぜる。

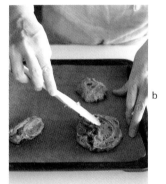
b

3 オーブンシート敷いた天板に45〜50gずつ間
隔をあけてのせ、直径8cmくらいの円形に広
げ（b）、ゴムべらの跡を残すようにして整える。

4 ピーカンナッツを散らし、麻の実をふり（c）、
170℃のオーブンで10〜12分焼く。

c

コーンフレーククッキー

サクサクッと軽やかで、香ばしくって、つい手をのばしてしまうおいしさ。
片手で持って食べやすい形も、ドロップクッキーならでは。

材料・約8個分

A	全粒薄力粉 … 50g
	てんさい糖 … 20g
	コーンフレーク … 30g
	ベーキングパウダー … 小さじ⅛
B	米油 … 大さじ2
	メープルシロップ … 大さじ1
	無調整豆乳 … 大さじ1

レーズン … 15g

下準備

・レーズンは湯に浸してやわらかくし、水気を
　拭く。
・オーブンは150℃に予熱する。

1 Aをボウルに入れ、ゴムべらで均一に混ぜる（a）。Bを別のボウルに入れ、泡立て器で均一に混ぜる。

2 AのボウルにBを加えてゴムべらで混ぜ、レーズンも入れ、粉気がなくなるまで混ぜる。

3 オーブンシートを敷いた天板に20gずつ少し横長になるようにのせ（b）、手とフォークで8〜9cm長さにまとめる（c）。

4 150℃のオーブンで10〜12分焼き、140℃に下げて15分ほど焼く。

いちじくのロッククッキー
→作り方は p.18

はちみつとローズマリーのクッキー

→作り方はp.19

a

いちじくのロッククッキー

干しいちじくのラム酒漬けを入れた、ちょっと贅沢なかぐわしさが魅力。
レーズンのラム酒漬けを使っても同様にできます。

b

材料・約25個分

	薄力粉 … 80g
	全粒薄力粉 … 50g
A	アーモンドパウダー … 50g
	てんさい糖 … 40g
	ベーキングパウダー … 小さじ½
	ココナッツオイル … 大さじ1
B	米油 … 大さじ2
	無調整豆乳 … 大さじ3
ドライいちじく … 60g	

下準備

・ドライいちじくは1cm角に切り、ラム酒（分量
　外）に浸してひと晩以上おいてやわらかくし、
　水気を拭く。
・オーブンは160℃に予熱する。

c

1 Aをボウルに入れ、ゴムべらで均一に混ぜる。
Bを別のボウルに入れ（a）、泡立て器で均一
に混ぜる。

2 AのボウルにBを加えてゴムべらで混ぜ、ドラ
イいちじくも入れて混ぜ（b）、手でひとまとめ
にする。

3 オーブンシートを敷いた天板に15gずつのせ、
手で軽くまとめる（c）。

4 160℃のオーブンで20〜25分焼く。

はちみつとローズマリーのクッキー

はちみつのコク、ローズマリーの爽快で力強い香りを取り合わせた、
お酒にも合う大人のクッキー。好みのフレッシュハーブを使っても。

a

材料・約32枚分

A	薄力粉 … 100g
	アーモンドパウダー … 60g
	片栗粉 … 20g
	塩 … ひとつまみ
	ローズマリー（葉のみ） … 3g
B	米油 … 大さじ4
	はちみつ … 100g

下準備
・ローズマリーは粗みじん切りにする。
・オーブンは160℃に予熱する。

1 Aをボウルに入れ（a）、ゴムべらで均一に混ぜる。Bを別のボウルに入れ、泡立て器で均一に混ぜる。

2 AのボウルにBを加えてゴムべらで混ぜ、粉気がなくなるまで切るようにして混ぜる（b）。

b

3 オーブンシートを敷いた天板に約10gずつのせて丸め、指で押して平らにする（c）。

4 160℃のオーブンで12〜15分焼く。

c

オリーブとナッツのクッキー

オリーブ、ナッツ、ピリッと刺激的なこしょうのトリオが絶妙！
味のバランスをとるために、甘み、塩気とも少し強めに利かせます。

材料・約40枚分

	全粒薄力粉 … 50g	
	薄力粉 … 150g	
	アーモンドパウダー … 35g	
A	てんさい糖 … 40g	
	ベーキングパウダー … 小さじ½	
	塩 … 小さじ½	
	黒こしょう … 小さじ⅓	
	米油 … 大さじ4⅔	
B	無調整豆乳 … 大さじ2	
	メープルシロップ … 大さじ2	

黒オリーブ、グリーンオリーブ（種なし）
　… 合わせて60g
ミックスナッツ（アーモンド、カシューナッツ）
　… 70g

下準備

・オリーブとナッツは粗めに刻む（a）。
・オーブンは160℃に予熱する。

1 Aをボウルに入れ（b）、ゴムべらで均一に混ぜる。Bを別のボウルに入れ、泡立て器で均一に混ぜる。

2 AのボウルにBを加えてゴムべらでさっくりと混ぜ、オリーブとナッツも加えて混ぜ、手でひとまとめにする。粉気が残るようなら豆乳少々（分量外）を入れ、べたべたするようなら薄力粉少々（分量外）を入れる。

3 オーブンシートを敷いた天板に約12gずつのせ、指で押して平らに丸く整える（c）。

4 160℃のオーブンで10〜15分焼き、150℃に下げて12〜15分焼く。

ピーナッツスノーボールクッキー

小さく丸めて焼いて、てんさい糖をたっぷりまぶした、一口サイズのクッキー。
ピーナッツバターの風味とつぶつぶ感がアクセントです。

材料・22〜23個分

	薄力粉 … 80g
	アーモンドパウダー … 30g
A	てんさい糖 … 15g
	塩 … 小さじ⅛
B	ピーナッツバター（粒あり）… 大さじ2
	米油 … 大さじ2

メープルシロップ … 大さじ1
てんさい糖 … 適量

下準備
・オーブンは160℃に予熱する。

1 Aをボウルに入れ、ゴムべらで均一に混ぜる。Bを別のボウルに入れ、ゴムべらで均一に混ぜる（a）。

2 AのボウルにBを加えてゴムべらで切るようにして混ぜ、全体がなじんだらメープルシロップを加えてまとめる。まとまりにくかったら豆乳少々（分量外）を加える。

3 オーブンシートを敷いた天板に約10gずつのせ、それぞれ丸める（b）。

4 160℃のオーブンで18〜20分焼く。

5 温かいうちにてんさい糖をからめてなじませ（c）、冷めてから再度てんさい糖をまぶす。

ココアアーモンドクッキー

手で形を整えて側面にグラニュー糖をつけると、それだけで華やかな印象。
生地に片栗粉を入れると、きめが細かくなってサクサク感が増します。

材料・25〜26個分

A	薄力粉 … 100g
	アーモンドパウダー … 25g
	ココアパウダー … 20g
	片栗粉 … 15g
	てんさい糖 … 30g
	塩 … ひとつまみ
B	米油 … 大さじ4
	メープルシロップ … 大さじ3
	無調整豆乳 … 大さじ2

てんさいグラニュー糖 … 適量
アーモンド（皮なし） … 13粒

下準備

・アーモンドは縦半割りにする。
・オーブンは160℃に予熱する。

1 Aをボウルに入れ、ゴムべらで均一に混ぜる。Bを別のボウルに入れ、泡立て器で均一に混ぜる。

2 AのボウルにBを加えてゴムべらで混ぜ、粉気がなくなるまで切るようにして混ぜる。

3 オーブンシートを敷いた天板に約12gずつのせ、1cm厚さの丸形に整える（a）。

4 側面にグラニュー糖をまぶし（b）、天板に並べ、上にアーモンドをつける（c）。

5 160℃のオーブンで10分ほど焼き、145℃に下げて10分ほど焼く。

コーヒークッキーのチョコスティック

コーヒー味のクッキーとチョコレートの相性は2重丸。
チョコレートの部分に刻んだアーモンドやココナッツファインをかけても。

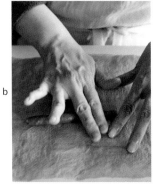

材料・9〜10本分

A
| 薄力粉 … 100g
| てんさい糖 … 40g
| ベーキングパウダー … 小さじ¼
| 塩 … ひとつまみ

ココナッツオイル … 大さじ1½

B
| インスタントコーヒー（粉）… 大さじ1
| 湯 … 大さじ2

ビターチョコレート … 適量

下準備

・Bのインスタントコーヒーと湯を混ぜて溶かし、
　冷ます。
・オーブンは160℃に予熱する。
・ビターチョコレートは粗く刻む。好みの板チョ
　コレートでよい。

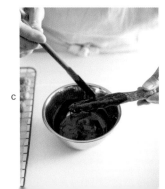

1 Aをボウルに入れてゴムべらで均一に混ぜ、ココナッツオイルを入れて均一に混ぜる。

2 AのボウルにBを入れて混ぜ（a）、手でひとまとめにする。

3 20gずつに分割し、12〜13cm長さの棒状にする（b）。オーブンシートの上で行うと生地がくっつかず、やりやすい。

4 オーブンシートを敷いた天板に並べ、160℃のオーブンで10分ほど焼き、145℃に下げて15分ほど焼く。

5 4が冷めたら、チョコレートをボウルに入れて湯煎で溶かし、全体の⅔ほどの部分にたっぷりとかけ（c）、固まるまでオーブンシートの上におく。

マカダミアナッツとチョコチップのビスコッティ

かまぼこ形に焼いた生地を切り分け、側面を再度焼いて作る
かた焼きビスケット。柑橘は好みのもの、冬はきんかんやゆずを使っても。

a

材料・10枚分

A
- 薄力粉 … 80g
- アーモンドパウダー … 20g
- てんさい糖 … 30g
- ベーキングパウダー … 小さじ¼
- 塩 … ひとつまみ
- 柑橘の皮のすりおろし … 小さじ⅓

B
- 米油 … 大さじ1½
- 無調整豆乳 … 大さじ2

マカダミアナッツ … 20g
チョコチップ … 15g

下準備
・マカダミアナッツは粗く刻む。
・オーブンは170℃に予熱する。

1 Aをボウルに入れ、ゴムべらで均一に混ぜる。Bを別のボウルに入れ、泡立て器で均一に混ぜる。

2 AのボウルにBを加えてゴムべらで混ぜ、マカダミアナッツとチョコチップも入れて混ぜ、手でひとまとめにする。

3 オーブンシートを敷いた天板に移し、6cm幅×15cm長さ×2.5cm高さのかまぼこ形に整える（a）。天板の四隅に耐熱性の容器をのせておくと、オーブンシートがめくれずに焼くことができる（コンベクションオーブンの場合）。

b

4 170℃のオーブンで20分ほど焼き、いったん取り出し、熱いうちに1.5cm厚さに切り分ける（b）。

5 断面を上にして天板に並べ（c）、170℃のオーブンで10分ほど焼き、裏返して、150℃に下げて15分ほど焼く。

c

29

緑茶とココナッツのクッキー

生地を長方形にまとめて冷やし固め、それを切り分けて焼いた
アイスボックスクッキー。緑茶とココナッツの組み合わせが好評です。

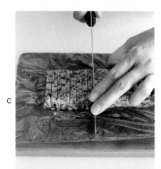

材料・約20枚分

	薄力粉 … 100g
	ココナッツファイン … 20g
A	てんさい糖 … 40g
	緑茶の茶葉 … 15g
B	米油 … 大さじ2½
	無調整豆乳 … 大さじ2½

1 Aをボウルに入れ（a）、ゴムべらで均一に混ぜる。Bを別のボウルに入れ、泡立て器で均一に混ぜる。

2 AのボウルにBを加えてゴムべらで混ぜ、手でひとまとめにする。まとまりづらかったら豆乳少々（分量外）を入れる。

3 ラップの上に移し、5cm幅×16cm長さ×2.5cm高さの板状にし（b）、ラップをかぶせてカードなどで形を整える。ラップでしっかり包んで冷凍庫に2時間以上入れて固める。

4 オーブンを160℃に予熱する。

5 3を冷凍庫から取り出してラップを取り、8mm〜1cm厚さに切り（c）、断面を上に向けてオーブンシートを敷いた天板に並べる。

6 160℃のオーブンで15分ほど焼き、150℃に下げて7〜8分焼く。

マーブルセサミクッキー

プレーン生地と黒ごま生地を合わせて手でもんで作る、マーブル模様のクッキー。
どんな模様になるかは切ってからのお楽しみ。少しずつ表情が違うのがいい!

材料・17〜18枚分

プレーン生地

A
| 薄力粉 … 100g
| アーモンドパウダー … 20g
| てんさい糖 … 40g
| 塩 … ひとつまみ

B
| 米油 … 大さじ3
| 無調整豆乳 … 大さじ2

黒ごま生地

C
| 薄力粉 … 100g
| アーモンドパウダー … 20g
| てんさい糖 … 40g
| 塩 … ひとつまみ

D
| 黒ごまペースト … 大さじ2
| 米油 … 大さじ1
| 無調整豆乳 … 大さじ3

1 プレーン生地を作る。Aをボウルに入れ、ゴムべらで均一に混ぜる。Bを別のボウルに入れて泡立て器で混ぜ、Aに加えてゴムべらで混ぜ、手でひとまとめにする。

2 黒ごま生地を作る。Cをボウルに入れ、ゴムべらで均一に混ぜる。Dを別のボウルに入れて泡立て器で混ぜ、Cに加えてゴムべらで混ぜ、手でひとまとめにする。

3 1と2をそれぞれ手で半分にし、2cm厚さの四角にのばし、交互に重ねる（a）。さらに半分にしてそれぞれ2〜3回もみ（b）、二つを重ね合わせて手でもんでなじませる。

4 ラップの上に移し、6cm幅×15cm長さ×4cm高さの長方形にまとめ、ラップをかぶせてカードなどで形を整える（c）。ラップでしっかり包んで冷凍庫に2時間以上入れて固める。

5 オーブンを160℃に予熱する。

6 4を冷凍庫から取り出してラップを取り、8mm厚さに切り（d）、断面を上に向けてオーブンシートを敷いた天板に並べる。

7 160℃のオーブンで15分ほど焼き、150℃に下げて20分ほど焼く。

a

b

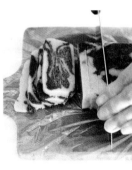

c

d

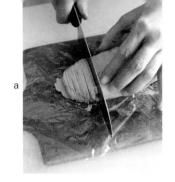

アーモンドバニラクッキー

生地を冷やし固めてからごく薄く切り、まとめ直して焼くのが特徴。
この方法だとサクッとした食感が増してさらに軽やかな食べ心地。
わたしのお気に入りです。

材料・15〜16個分

A	薄力粉 … 100g	
	アーモンドパウダー … 20g	
	てんさい糖 … 35g	
	塩 … ひとつまみ	
	アーモンドスライス … 25g	
B	米油 … 大さじ3	
	無調整豆乳 … 大さじ2	
	バニラビーンズ … 2cm	

下準備
・アーモンドスライスは軽く砕く。
・バニラビーンズは縦に切り目を入れ、種をし
　ごき出す。

1 Aをボウルに入れ、ゴムべらで均一に混ぜる。Bを別のボウルに入れ、泡立て器で均一に混ぜる。

2 AのボウルにBを加えてゴムべらで混ぜ、手でひとまとめにする。まとまりづらかったら豆乳少々（分量外）を入れる。

3 ラップの上に移してなまこ形にし、ラップでしっかり包んで冷凍庫に2時間以上入れて固める。

4 オーブンを160℃に予熱する。

5 3を冷凍庫から取り出してラップを取り、2〜3mm厚さに切り（a）、ボウルに入れて手でほろほろにし（b）、15gずつまとめて天板に並べる。指で軽く整える（c）。

6 160℃のオーブンで20〜23分焼く。途中、焼き色が濃かったら150℃に下げて焼く。

クッキーが好きすぎて

アイスボックスクッキーの生地は
冷凍庫にストック。
好きなときに好きなだけ焼きます。

30ページの「緑茶とココナッツのクッキー」や
32ページの「マーブルセサミクッキー」、
そして34ページのわたしの一番のお気に入りでもある
「アーモンドバニラクッキー」などのアイスボックスクッキーの生地は、
生地をひとまとめにしていったん冷凍庫で冷やし固めてから
切り分けるという手法で作りますが、
実はこの生地、そのまま冷凍庫で2週間ほど保存が可能です。
言い換えれば、すぐに焼かなくても大丈夫というわけなんです。
そこでクッキー好きのわたしは、すぐ食べる予定がなくても、
時間のあるときに生地を作って冷凍庫に保存。
食べたいなと思ったときに冷凍庫から取り出して
食べたい分だけ包丁で切って、オーブンへ。
切らなかった分はまたラップに包んで
冷凍庫に戻しておけばいいだけ。
30分もたてば、部屋中にほんのり甘い香りが漂って
クッキーの焼き上がり。
余計なものが何も入っていない材料で作るクッキーは
焼きたてをほお張ってもおいしく、
少し冷めて余熱が残るくらいの頃もおいしい。
あえて全部食べきらず、少し残してガラス瓶に入れておくのも
クッキー好きのわたしの習慣です。

めん棒でのばす、型で抜く

材料を混ぜてクッキー生地を作ったら、めん棒で薄くのばし、くるくるっと巻いたり、包丁で切り分けたり、時には好きな型で抜いてみたり。作るのも食べるのも楽しい、カットクッキーや型抜きクッキーを中心に紹介。応用としてクッキーサンドやクッキーケーキも作ります。

a

黒糖ジンジャークッキー

黒糖の豊かなコクと色、しょうがの風味が混ざり合った、個性的な味が魅力。
ドライアプリコットの代わりにラムレーズンを入れても。

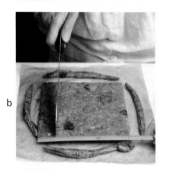
b

材料・25個分

A	薄力粉 … 80g
	全粒薄力粉 … 20g
	アーモンドパウダー … 30g
	黒糖 … 50g
	塩 … ひとつまみ
B	米油 … 大さじ3
	無調整豆乳 … 大さじ1
	しょうがのすりおろし … 20g

ドライアプリコット … 35g

下準備

・ドライアプリコットは湯または果汁100％
　ジュース（オレンジ、りんごなど。分量外）に
　30分ほど浸してやわらかくし、水気を拭い
　て1cm角に切る。
・オーブンは160℃に予熱する。

c

1 Aをボウルに入れ、ゴムべらで均一に混ぜる。Bを別のボウルに入れ、泡立て器で均一に混ぜる。

2 AのボウルにBを加えてゴムべらで切るようにして混ぜ、ドライアプリコットも入れて混ぜ、手でひとまとめにする。

3 オーブンシートの上に移して四角くならし、ラップをかぶせ、めん棒で1cm厚さ、約15×15cmの四角にのばす（a）。ラップを取って四辺を少し切り落とし、3×3cm幅に切り分ける（b）。

4 焼いたときに生地どうしがくっつかないように少し間をあけ（c）、オーブンシートごと天板にのせる。切り落とした生地も隅におく。

5 160℃のオーブンで15分ほど焼き、150℃に下げて10〜15分焼く。

黒こしょうとくるみのクッキー

ピリッとした黒こしょうの辛みと風味を利かせた、おつまみクッキーです。
生地の端は切り落とすとでき上がりがきれいですが、そのままでもOK。

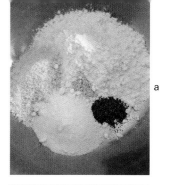

材料・16個分

A	薄力粉 … 100g
	アーモンドパウダー … 20g
	てんさい糖 … 20g
	塩 … 小さじ¼
	黒こしょう … 小さじ½
B	米油 … 大さじ3
	無調整豆乳 … 大さじ2

くるみ … 20g

下準備

・くるみは粗く刻む。
・オーブンは160℃に予熱する。

1 Aをボウルに入れ（a）、ゴムべらで均一に混ぜる。Bを別のボウルに入れ、泡立て器で均一に混ぜる。

2 AのボウルにBを加えてゴムべらで切るようにして混ぜ、くるみも入れ（b）、さっくりと混ぜ合わせ、手でひとまとめにする。まとまりにくかったら、豆乳少々（分量外）を加える。

3 オーブンシートの上に移して四角くならし、ラップをかぶせ、めん棒で1cm厚さ、約15×15cmの四角にのばす。ラップを取って四辺を少し切り落とし、横半分、縦8等分に切り分ける（c）。

4 焼いたときに生地どうしがくっつかないように少し間をあけ、オーブンシートごと天板にのせる。切り落とした生地も隅におく。

5 160℃のオーブンで15分ほど焼き、150℃に下げて10〜15分焼く。

41

酒粕キューブクッキー

生地に酒粕を入れることでチーズのような風味が加わり、コクのある味に
仕上がります。体の中からきれいになれそうな、新定番にしたいクッキーです。

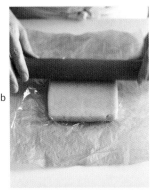

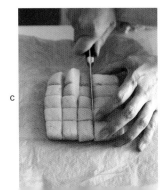

材料・25個分

	薄力粉 … 100g
	アーモンドパウダー … 30g
A	てんさい糖 … 30g
	酒粕 … 35g
	塩 … 小さじ¼
B	米油 … 大さじ2
	無調整豆乳 … 大さじ2
松の実 … 25粒	

下準備

・オーブンは160℃に予熱する。

1 Aをボウルに入れ（a）、酒粕を粉になじませる
ように手ですり合わせる。Bを別のボウルに
入れ、泡立て器で均一に混ぜる。

2 AのボウルにBを加えてゴムべらで切るように
して混ぜ、手でひとまとめにする。

3 オーブンシートの上に移して四角くならし、ラップ
をかぶせ、めん棒でのばしてカードなどで
形を整えながら2cm厚さ、約10×10cmの四
角にのばす（b）。ラップを取って2×2cm幅に
切り分ける（c）。

4 形を整え、焼いたときに生地どうしがくっつか
ないように少し間をあけ、オーブンシートごと
天板にのせる。松の実を1粒ずつくっつける。

5 160℃のオーブンで10分ほど焼き、140℃に
下げて15分ほど焼く。

シナモンロールクッキー

シナモンパウダー、アガベシロップ、ブラウンシュガーで作る
シナモンペーストが美味。ごほうびクッキーにふさわしい上質な味わいです。

材料・16～17枚分

A
| 薄力粉 … 100g
| アーモンドパウダー … 20g
| てんさい糖 … 40g
| 塩 … ひとつまみ

B
| 米油 … 大さじ3
| 無調整豆乳 … 大さじ2

C
| シナモンパウダー … 小さじ1
| アガベシロップ … 大さじ1
| ブラウンシュガー … 小さじ1

下準備
・オーブンは160℃に予熱する。

a

1 Aをボウルに入れ、ゴムべらで均一に混ぜる。Bを別のボウルに入れ、泡立て器で均一に混ぜる。

2 AのボウルにBを加えてゴムべらで切るようにして混ぜ、手でひとまとめにする。

3 Cを別のボウルに入れ、ゴムべらで混ぜ合わせる。

b

4 オーブンシートの上に2を移して四角くならし、ラップをかぶせ、めん棒で5mm厚さ、17×17cmの四角にのばす。左右と巻き終わりを少し残して3をぬり（a）、手前からくるくると巻き（b）、ラップでしっかり包んで冷凍庫に30分ほど入れて固める。

5 4を冷凍庫から出してラップを取り、1cm幅に切り（c）、断面を上にしてオーブンシートを敷いた天板に並べる。

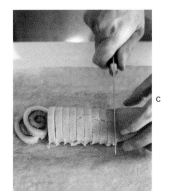
c

6 160℃のオーブンで10分ほど焼き、140℃に下げて15～20分焼く。

ライ麦とキャラウェイ、白ごまのチップ

ごく薄くのばして焼くから、パリパリッとして軽い食べ心地。
ランダムに切り目を入れていろいろな形に焼き上げるのも新しい試みです。

材料・直径約20cmのもの2枚分

A
薄力粉 … 60g
ライ麦粉 … 40g
てんさい糖 … 5g
塩 … 小さじ⅓
キャラウェイシード … 小さじ2
白ごま … 大さじ1

オリーブオイル … 大さじ1½
水 … 大さじ1〜2

下準備
・オーブンは160℃に予熱する。

1 Aをボウルに入れ（a）、ゴムべらで均一に混ぜ、オリーブオイルを加えて切るようにして混ぜる。

2 分量の水を少しずつ入れながら混ぜ、手でべたべたしない程度の生地にまとめる。

3 半分に切り、それぞれオーブンシートの上に移してラップをかぶせ、めん棒で2〜3mm厚さに丸くのばす（b）。全体にフォークで穴をあけ、包丁でランダムに切り目を入れる（c）。

4 オーブンシートごと天板にのせ、160℃のオーブンで15分ほど焼く。天板が1枚しかない場合は1枚ずつ焼く。

5 焼き上がったら、切り目を入れた部分を手で折るようにして割る。

レモンとポピーシードのクッキー

レモン風味のクッキーにレモンアイシングを取り合わせて、爽やかさを演出。
ナッツにも似た香りのポピーシードを入れると、華やかさがプラスされます。

材料・直径5cmの木の葉型約20枚分

A	薄力粉 … 100g
	アーモンドパウダー … 20g
	てんさい糖 … 30g
	塩 … ひとつまみ
	ポピーシード（黒けしの実） … 小さじ1
	レモンの皮のすりおろし … 1個分
B	米油 … 大さじ3
	無調整豆乳 … 大さじ1
	レモンのしぼり汁 … 大さじ1
C	てんさい糖 … 大さじ4
	レモンのしぼり汁 … 小さじ2

下準備
・オーブンは160℃に予熱する。

1 Aをボウルに入れ（a）、ゴムべらで均一に混ぜる。Bを別のボウルに入れ、泡立て器で均一に混ぜる。

2 AのボウルにBを加えてゴムべらで切るようにして混ぜ、手でひとまとめにする。

3 オーブンシートの上に移して適当な大きさに広げ、ラップをかぶせ、めん棒で8mm厚さにのばす。ラップを取って木の葉型で抜き（b）、オーブンシートを敷いた天板にのせていく。残った生地は再度丸めてのばし、木の葉型で抜く。

4 160℃のオーブンで12〜15分焼き、150℃に下げて10〜15分焼く。

5 Cをボウルに入れ、湯煎にかけながらゴムべらで混ぜてなめらかにし、湯煎からはずしてとろりとさせる。冷ましたクッキーの表面半分にかけて（c）、固まるまでオーブンシートの上におく。

ヘーゼルナッツクッキー
→作り方は p.52

50

ピスタチオと山椒のクッキー

→作り方は p.53

a

b

ヘーゼルナッツクッキー

材料はごくシンプル。生地を混ぜて、めん棒でのばして、型で抜いてオーブンへ。
ここでは大きめの犬型で抜いて、残った生地は小さな花型で抜きます。

材料・長さ13cmの犬型約7枚分

A
| 薄力粉 … 70g
| ヘーゼルナッツパウダー … 30g
| 塩 … ひとつまみ
| ヘーゼルナッツ … 15g

B
| 米油 … 大さじ2
| メープルシロップ … 大さじ1½

下準備

・ヘーゼルナッツは細かく刻む。
・オーブンは160℃に予熱する。

1 Aをボウルに入れ（a）、ゴムべらで均一に混ぜる。Bを別のボウルに入れ、泡立て器で均一に混ぜる。

2 AのボウルにBを加えてゴムべらで切るようにして混ぜ、手でひとまとめにする。

3 オーブンシートの上に移して適度な大きさに広げ、ラップをかぶせ、めん棒で5mm厚さにのばす。ラップを取って犬型で抜く（b）。型の間の生地を竹串などを使ってていねいに除き、抜いた生地はオーブンシートを敷いた天板にのせる。除いた生地は再度丸めてのばし、犬型で抜く。残った生地はさらに小さい花型などで抜く。

4 160℃のオーブンで13〜15分焼く。途中、小さい花の形のクッキーは5分ほど焼いたら取り出す。

ピスタチオと山椒のクッキー

ピスタチオの濃厚な味と緑色を生かした、型抜きクッキー。
粉山椒はできれば封をあけたてのものを用い、ヒリリと刺激的な香りに仕上げます。

a

材料・縦6cm、横3.5cmの
　　ひょうたん型約15枚分

A	薄力粉 … 100g
	アーモンドパウダー … 40g
	てんさい糖 … 25g
	塩 … 小さじ⅓
	粉山椒 … 小さじ1¼
B	米油 … 大さじ3
	無調整豆乳 … 大さじ2

ピスタチオ（殻なし）… 20g

下準備
・ピスタチオは粗く刻む。
・オーブンは160℃に予熱する。

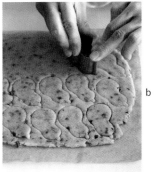

b

1 Aをボウルに入れ（a）、ゴムべらで均一に混ぜる。Bを別のボウルに入れ、泡立て器で均一に混ぜる。

2 AのボウルにBを加えてゴムべらで切るようにして混ぜ、ピスタチオも入れて混ぜ、手でひとまとめにする。

3 オーブンシートの上に移して適度な大きさに広げ、ラップをかぶせ、めん棒で5mm厚さにのばす。ラップを取ってひょうたん型で抜く（b）。型の間の生地を竹串などを使ってていねいに除き、抜いた生地はオーブンシートを敷いた天板にのせる。除いた生地は再度丸めてのばし、小さい小鳥型などで抜く。

4 160℃のオーブンで10分ほど焼き、150℃に下げて10分ほど焼く。途中、小さい小鳥の形のクッキーは5分ほど焼いたら取り出す。

ふすまクッキーのチョコサンド

ふすま入りの生地はザクッとした食感で香ばしく、自家製チョコクリームを
はさむとこの上ないおいしさに。ここでは「ROOF」のスタンプを押して仕上げました。

材料・直径5cmの菊型13個分

A	薄力粉 … 100g
	アーモンドパウダー … 40g
	ブラウンシュガー … 35g
	ふすま粉 … 15g
	塩 … 小さじ¼
	ベーキングパウダー … 小さじ⅛
B	米油 … 大さじ3½
	無調整豆乳 … 大さじ4
C	ビターチョコレート … 30g
	ピーナッツバター … 30g
	アガベシロップ … 10g

下準備
・オーブンは170℃に予熱する。
・ビターチョコレートは粗く刻む。好みの板チョ
コレートでよい。

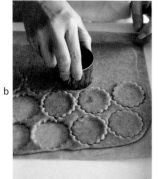

1 Aをボウルに入れ（a）、ゴムべらで均一に混ぜ
る。Bを別のボウルに入れ、泡立て器で均一
に混ぜる。

2 AのボウルにBを加えてゴムべらで切るように
して混ぜ、手でひとまとめにする。

3 オーブンシートの上に移して適度な大きさに
広げ、ラップをかぶせ、めん棒で5mm厚さに
のばす。ラップを取って菊型で抜き（b）、オー
ブンシートを敷いた天板にのせていく。残った生
地は再度丸めてのばし、菊型で抜く。

4 170℃のオーブンで10分ほど焼き、160℃に
下げて10分ほど焼く。

5 Cのチョコレートをボウルに入れて湯煎で溶
かし、粗熱が取れたらピーナッツバター、アガ
ベシロップを加えて混ぜる。

6 冷めたクッキーを2枚1組にし、そのうち1枚
を裏返し、5を適量ずつのせてサンドする（c）。

クランブルジャムクッキー

素焼きしたクッキー生地にジャムとクランブルをのせて焼き上げたクッキーケーキ。
ジャムは濃度が高くて味がはっきりとしたものが合います。

材料・18×18cmのスクエア型1台分

A
- 薄力粉 … 100g
- アーモンドパウダー … 30g
- てんさい糖 … 30g
- 塩 … ひとつまみ

B
- 米油 … 大さじ3
- 無調整豆乳 … 大さじ2

C
- 薄力粉 … 40g
- アーモンドパウダー … 20g
- てんさい糖 … 20g
- 米油 … 大さじ2

好みのジャム … 120g

下準備
- 型に合わせてオーブンシートを切り、型の側面に合わせて折り目をつける。
- オーブンは170℃に予熱する。

1 Aをボウルに入れ、ゴムべらで均一に混ぜる。Bを別のボウルに入れ、泡立て器で均一に混ぜる。

2 AのボウルにBを加えてゴムべらで切るようにして混ぜ、手でひとまとめにする。まとまりにくかったら豆乳少々（分量外）を加える。

3 下準備したオーブンシートの上に移してざっとならし、ラップをかぶせ、めん棒で折り目に合わせてのばす。オーブンシートごと型に入れ、全体にフォークで穴をあける（a）。

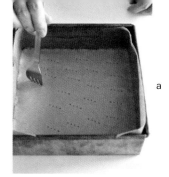

a

4 170℃のオーブンで15分ほど焼く。いったん取り出す。

5 Cの米油以外をボウルに入れて混ぜ、米油を少しずつ加えながら指先で混ぜ、そぼろ状になるようにすり混ぜてクランブルを作る。

6 4にジャムをのせて広げ、クランブルをのせ（b）、170℃のオーブンで焼き色がつくまで15〜20分焼く。

b

7 温かいうちに型から出し、好みの大きさ（ここでは6cm角）に切る（c）。

c

クッキーが好きすぎて

クッキーの保存は密閉できるガラス瓶。
瓶の中がいっぱいだと
それだけで幸せな気分です。

クッキーを保存するのは、昔からずっと、大ぶりのガラス瓶。
なぜガラス瓶？　中のクッキーが見えるから！
そしていつでもおいしく食べたいから、しけないように
瓶は密閉できるものを選び、シリカゲルを入れることも。
中に入れるクッキーはさまざまで、
焼いたけれども食べきれなかった分、
生地をめん棒でのばしたときの端っこの部分、
型抜きしたあとの余った部分、
きれいに成形できなくていびつになってしまったもの、
試作のために作ったもの……など。
いろいろな形、いろいろな味のものが入っていると
ちょっとワクワクする、それがいいんです。
人によってはそれが缶だったり袋だったりするかもしれません。
わたしはなぜか瓶なのです。
そして毎日少しずつ食べ進み、
クッキーの在庫がガラス瓶の半分以下になると、
そろそろ焼かなくちゃ！ と思い立って
自分のためにエプロンをキュッと締めます。
瓶にいっぱいのクッキーは
バケツいっぱいのクッキーの思い出のように
わたしにとってのお菓子の原点です。

袋で絞り出す

Chapter 3

材料を混ぜてクッキー生地を作ったら、口金をつけた絞り袋に入れて天板に絞り出し、そのままオーブンへ。絞り方や口金の型を変えれば表情が変わるので、アイデア次第でバリエーションが広がります。ジャムをのせて焼いたり、クリームをはさむと華やかさが出るのも魅力です。

a

b

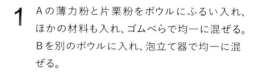

甘酒クッキー

甘みは甘酒だけ、だから甘さ控えめで、飽きずに食べられるやさしい味わい。
甘みがもっと欲しい場合は、てんさい糖5〜10gをプラスしても。

材料・約16個分

	薄力粉 … 100g
A	片栗粉 … 20g
	アーモンドパウダー … 30g
	塩 … ふたつまみ
	甘酒 … 大さじ5
B	米油 … 大さじ6
	無調整豆乳 … 小さじ2

下準備
・オーブンは160℃に予熱する。

1 Aの薄力粉と片栗粉をボウルにふるい入れ、ほかの材料も入れ、ゴムべらで均一に混ぜる。Bを別のボウルに入れ、泡立て器で均一に混ぜる。

2 AのボウルにBを加え（a）、ゴムべらでさっくりと混ぜる（b）。混ぜすぎると生地がかたくなるので、混ぜすぎないこと。

3 直径1.5cmの星型口金をつけた絞り袋に入れ、オーブンシートを敷いた天板に曲線を描くように約5〜6cm長さに絞り出す（c）。

4 160℃のオーブンで10分ほど焼き、140℃に下げて15分ほど焼く。

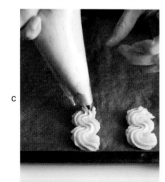

c

ほうじ茶クッキー　ジャスミン茶クッキー

どちらの茶葉もすり鉢で細かくすると、口当たりがよく、香りも立ちます。
2種類の食感の違う生地なので茶葉を交換して作ってもOK。

材料・各18個分

ほうじ茶クッキー

A
| 薄力粉 … 100g
| 片栗粉 … 25g
| 塩 … ひとつまみ
| ほうじ茶の茶葉 … 小さじ2

B
| アガベシロップ … 大さじ3
| 米油 … 大さじ4

ジャスミン茶クッキー

C
| 薄力粉 … 100g
| アーモンドパウダー … 25g
| てんさい糖 … 30g
| 塩 … ひとつまみ
| ジャスミン茶の茶葉 … 小さじ2

D
| 無調整豆乳 … 大さじ4
| 米油 … 大さじ4

下準備

・ほうじ茶とジャスミン茶の茶葉はすり
　鉢などで細かくする。
・オーブンは160℃に予熱する。

1　ほうじ茶クッキーを作る。Aの薄力粉と片栗粉をボウルにふるい入れ、ほかの材料も入れ、ゴムべらで均一に混ぜる。Bを別のボウルに入れて泡立て器で均一に混ぜ、Aに加えて(a)、ゴムべらでさっくりと混ぜる。混ぜすぎると生地がかたくなるので、混ぜすぎないこと。

2　直径1.5cmの星型口金をつけた絞り袋に入れ、オーブンシートを敷いた天板に円を描くように直径4cmに絞り出す(b)。

3　160℃のオーブンで20〜25分焼く。

4　ジャスミン茶クッキーを作る。ほうじ茶クッキーのAの代わりにCを混ぜる(c)。Bの代わりにDを混ぜ、Cに加えて(d)、ゴムべらでさっくりと混ぜる。作り方2〜3を参照して焼く。

a

b

c

d

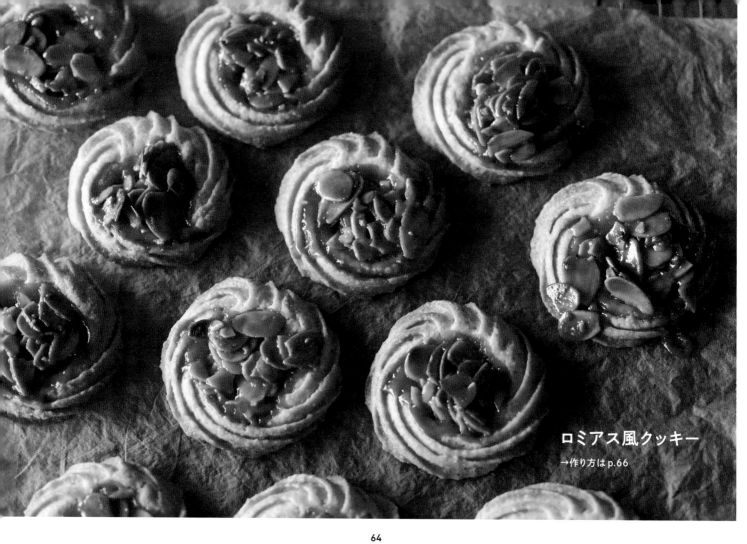

ロミアス風クッキー
→作り方は p.66

スパイスラズベリークッキー

→作り方は p.67

a

ロミアス風クッキー

円を描くように絞り出した生地の真ん中に、ナッツのキャラメリゼをのせて
焼き上げたクッキー。星型口金で絞り出すと立体感が出てよそいきになります。

b

材料・約12個分

A	薄力粉 … 100g	
	アーモンドパウダー … 30g	
	てんさい糖 … 40g	
	塩 … ひとつまみ	
B	無調整豆乳 … 大さじ4	
	米油 … 大さじ4	
C	メープルシロップ … 大さじ1	
	はちみつ … 大さじ1	
	ココナッツオイル … 大さじ½	
	無調整豆乳 … 大さじ½	
	アーモンドスライス … 25g	

下準備

・オーブンは160℃に予熱する。

c

1 小鍋にアーモンドスライス以外のCを入れて火にかけ、沸騰したら弱火にして1分ほどフツフツと煮る。アーモンドスライスを加えてからめ（a）、火を止めて冷ます。

2 Aの薄力粉をボウルにふるい入れ、ほかの材料も入れ、ゴムべらで均一に混ぜる。Bを別のボウルに入れ、泡立て器で均一に混ぜる。

3 AのボウルにBを加えてゴムべらでさっくりと混ぜる。混ぜすぎると生地がかたくなるので、混ぜすぎないこと。

4 直径1.5cmの星型口金をつけた絞り袋に入れ、オーブンシートを敷いた天板に円を描くように直径5cmに絞り出す（b）。指に水をつけて真ん中をへこませ、1をのせる（c）。

5 160℃のオーブンで15分ほど焼き、150℃に下げて10分ほど焼く。

スパイスラズベリークッキー

シナモン、ナツメグ、クローブ入りの生地がおいしさのポイント。
そんなエキゾチックな香りのクッキーにはラズベリージャムがよく合います。

a

材料・約12個分

	薄力粉 … 100g
	片栗粉 … 25g
	塩 … ひとつまみ
A	シナモンパウダー … 小さじ¼
	ナツメグ … 小さじ⅛
	クローブパウダー … ふたつまみ
B	アガベシロップ … 大さじ3
	米油 … 大さじ4
ラズベリージャム … 60g

下準備

・オーブンは160℃に予熱する。

1 Aの薄力粉と片栗粉をボウルにふるい入れ、ほかの材料も入れ、ゴムべらで均一に混ぜる。Bを別のボウルに入れ、泡立て器で均一に混ぜる。

2 AのボウルにBを加えてゴムべらでさっくりと混ぜる。混ぜすぎると生地がかたくなるので、混ぜすぎないこと。

3 直径1.5cmの丸型口金をつけた絞り袋に入れ、オーブンシートを敷いた天板に6cm長さで2本くっつくように並べて絞り出す（a）。指に水をつけて2本の間をへこませ（b）、ジャムを5gずつのせる（c）。

4 160℃のオーブンで10分ほど焼き、150℃に下げて15分ほど焼く。

b

c

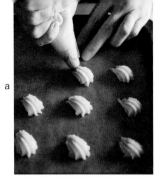

モカバニラクッキー

ポンとひとつほお張ると、バニラ生地とモカ生地が口の中で一緒になって
甘さとほのかな苦みが広がります。V字に絞り出すとハート形になります。

材料・約24個分

バニラ生地

A
| 薄力粉 … 50g
| アーモンドパウダー … 15g
| てんさい糖 … 25g
| 塩 … ひとつまみ

B
| 無調整豆乳 … 大さじ2
| 米油 … 大さじ2
| バニラビーンズ … 1cm

モカ生地

C
| 薄力粉 … 50g
| アーモンドパウダー … 15g
| ココアパウダー … 8g
| インスタントコーヒー（粉）… 1g
| てんさい糖 … 20g
| 塩 … ひとつまみ

D
| 無調整豆乳 … 大さじ3
| 米油 … 大さじ2

下準備

・バニラビーンズは縦に切り目を入れ、種をし
　ごき出す。
・オーブンは160℃に予熱する。

1 バニラ生地を作る。Aの薄力粉をボウルにふ
るい入れ、ほかの材料も入れ、ゴムべらで均一
に混ぜる。Bを別のボウルに入れて泡立て器
で均一に混ぜ、Aに加えてゴムべらでさっくり
と混ぜる。

2 モカ生地を作る。Cの薄力粉とココアパウダー
をボウルにふるい入れ、ほかの材料も入れ、ゴ
ムべらで均一に混ぜる。Dを別のボウルに入
れて泡立て器で均一に混ぜ、Cに加えてゴム
べらでさっくりと混ぜる。

3 直径1.5cmの星型口金をつけた絞り袋にバニ
ラ生地を入れ、オーブンシートを敷いた天板
に左上から右下にひと絞りする(a)。モカ生地
も同様に絞り袋に入れ、右上から左下にひと
絞りし(b)、ハート形にする。

4 160℃のオーブンで12分ほど焼き、140℃に
下げて15分ほど焼く。

メープルクッキーサンド

メープルシロップで甘みをつけたサクッとしたクッキー2枚で、
自家製メープルクリームをはさみます。上品で切れのいい甘さが魅力です。

a

材料・15個分

A	薄力粉 … 100g
	片栗粉 … 25g
	塩 … ひとつまみ
B	メープルシロップ … 大さじ3
	米油 … 大さじ4
C	メープルシュガー … 大さじ3
	水 … 小さじ1

下準備

・オーブンは160℃に予熱する。

1 Aの薄力粉と片栗粉をボウルにふるい入れ、塩も入れ、ゴムべらで均一に混ぜる。Bを別のボウルに入れ、泡立て器で均一に混ぜる。

2 AのボウルにBを加えてゴムべらでさっくりと混ぜる。混ぜすぎると生地がかたくなるので、混ぜすぎないこと。

3 2.5cm幅の片目口金(平型で片面だけギザギザ)をつけた絞り袋に入れ、オーブンシートを敷いた天板に5cm長さに絞り出す(a)。

4 160℃のオーブンで15分ほど焼く。

5 Cをボウルに入れ、湯煎にかけながらゴムべらで混ぜ(b)、とろりとするまで冷ます。

6 冷めたクッキーを2枚1組にし、そのうち1枚を裏返し、5を適量ずつのせてサンドする(c)。

b

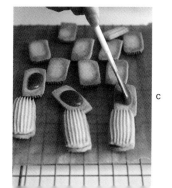

c

今井ようこ　Yoko Imai

製菓学校を卒業した後、（株）サザビーリーグに入社、アフタヌーンティー・ティールームの商品企画・開発を担当。その後、独立。現在は商品開発やメニュー開発、パンやケーキの受注を行うほか、マクロビオティックをベースにした料理教室「Roof」主宰。著書に『しぜんなおかし』（NHK出版）、『いちばんやさしい米粉のおやつ』（家の光協会）などがある。

デザイン　遠矢良一（Armchair Travel）
撮影　　　邑口京一郎
校閲　　　山脇節子
編集　　　松原京子
　　　　　浅井香織（文化出版局）

http://www.roof-kitchen.jp/
Instagram　@arameroof

ヴィーガンだからカンタン 体にやさしい
Roofのごほうびクッキー

2021年5月30日　第1刷発行

著　者　今井ようこ
発行者　濱田勝宏
発行所　学校法人文化学園 文化出版局
　　　　〒151-8524　東京都渋谷区代々木3-22-1
　　　　電話03-3299-2565（編集）
　　　　　　　03-3299-2540（営業）
印刷所　凸版印刷株式会社
製本所　大口製本印刷株式会社

文化出版局のホームページ　http://books.bunka.ac.jp/